JACQUES BRUNEL DE PÉRARD

CARNET DE ROUTE

(4 Août-25 Septembre 1914)

PARIS

GEORGES CRÈS ET Cie, ÉDITEURS

116, BOULEVARD SAINT-GERMAIN, 116

MCMXV

CARNET DE ROUTE

JACQUES BRUNEL DE PÉRARD

JACQUES BRUNEL DE PÉRARD

CARNET DE ROUTE

(4 Août-25 Septembre 1914)

PARIS

GEORGES CRÈS ET Cⁱᵉ, ÉDITEURS

116, BOULEVARD SAINT-GERMAIN, 116

MCMXV

*Jacques Brunel de Pérard était bache-
lier sciences-lettres, étudiant de deuxième
année de l'École de droit et de l'École des
sciences politiques.*

*Son avenir littéraire et politique s'an-
nonçait des plus brillants. Une série de
nouvelles :* Lettres à un débutant ; Portraits de Paris, *avait fait remarquer tout
particulièrement la pureté de son style*
(Paris-Journal, *octobre, novembre, dé-
cembre 1913*).

A 19 ans, il avait créé une revue : Impé-
ria ; *cette revue fut interrompue par son
départ pour le régiment. Il s'engagea le
20 octobre 1913 et partit à Rouen au
43ᵉ d'artillerie.*

*Dans plusieurs conférences faites dans
le XVIIᵉ arrondissement, pour son parti,*

1.

pour la loi de trois ans, le public lui avait fait un succès des plus flatteurs. Tous s'étonnaient de voir ce garçon si jeune parler avec cette foi ardente, ce patriotisme, cette autorité.

Ces notes, écrites à la hâte, sans aucun souci littéraire, ont été trouvées sur le soldat mort et rapportées à la famille par un camarade dévoué. Quelques mots effacés ou illisibles ont été supprimés ou devinés.

On a gardé pieusement la forme spontanée, le style sans apprêt de ce qui n'était pour le soldat qu'un mémento personnel. Peut-être l'eût-il corrigé, mis au point, enrichi de tout ce qui, plus tard, au milieu des beaux labeurs qu'il rêvait, serait revenu à sa pensée pour mettre en tableau ce qui n'était qu'à peine une esquisse.

Mais la littérature ici n'est pas en cause et ce CARNET ne voit le jour que pour transmettre, en somme, à ceux qui l'ont aimé, les « derniers mots » de Jacques Brunel de Pérard.

Une lettre de son ami Guy de Cassagnac, qu'il a rejoint dans la mort, et les lignes émues qu'un de ses camarades de lettres, aujourd'hui dans les tranchées, lui a consacrées dans une jeune revue, ornent cette petite stèle érigée en son honneur.

LETTRE DE GUY DE CASSAGNAC

Paris, 31 juillet 1914.

Cher Jacques, votre lettre me prouve la douce ignorance où Caen doit se trouver plongé par rapport au reste de la France. Vous n'avez pas l'air de vous douter que l'on mobilise secrètement depuis hier soir, que nous avons été appelés, tous les directeurs de journaux, chez le ministre hier au soir et que la guerre était quasi déclarée... Ma cantine est prête et nous pouvons partir d'une heure à l'autre. Je vous dis cela parce que je sais votre sang-froid. Je ne vous ai pas écrit plus tôt parce que nous vivons dans une véritable activité fiévreuse, sans affolement d'ailleurs. Mais tout de même, il y a certaines précautions à prendre au point de vue matériel, tant civil que militaire, quand on part dans les conditions où nous partirions, mon frère et moi, car il ne resterait personne, sauf Léoni, au journal.

Malgré tout, je reste personnellement très optimiste, mais je regretterais à bien des points de vue que nous ne saisissions pas cette occasion. historique d'une revanche.

Être tué m'effraye peu, j'ai vécu. Cela ne veut pas dire que je renonce à vivre encore ; je trouve à cela une douceur et un charme.

Si Caen n'était pas en Chine, je ne résisterais pas au plaisir d'aller vous voir pour vous prouver mon affection.

Bien amicalement vôtre,

GUY.

JACQUES BRUNEL DE PÉRARD

JACQUES BRUNEL DE PÉRARD

Une belle après-midi ensoleillée d'automne, sur la grande place d'une petite ville de province, si paisible dans cette tourmente... Les faisceaux sont formés près des marronniers accueillants. Un journal ouvert distraitement et, brusquement, cet écho : « La mort d'un confrère », puis, très vite, les lignes brutales qui se déroulent : « M. Jacques Brunel de Pérard... avenir littéraire des plus brillants... agent de liaison... mort héroïque... il n'avait pas vingt et un ans... » Et j'ai l'impression que je deviens fou, l'attente d'un écroulement qui va suivre cette nouvelle.

Je demeure surpris de sentir seulement un
peu de sécheresse dans la bouche et que
mon cœur ne se brise pas tout d'un coup.
Et je ne comprends pas qu'un si beau soleil puisse continuer de jeter une clarté
dont la gaieté m'offusque et qu'autour de
moi les visages demeurent insouciants.

Je me sens encore incapable d'aligner
des phrases sur cette douleur. Mais il col-
labora au *Nouveau Mercure*, et il fallait
dire la nouvelle. Ce promeneur élégant et
mince du sentier de la Vertu et de la rue
de la Paix, ce dandy raffiné, cet artiste, ce
dilettante, le voyez-vous demandant un
poste périlleux d'agent de liaison et tom-
bant héroïquement pour le service de la
France ? A-t-il dû sourire, ce délicieux
ironiste, sur le passage de ces obus qu'il
ne croyait pas destinés à l'atteindre ! « La
guerre, m'écrivait-il négligemment, en
août, est un sport d'été qui en vaut d'autres et qui ne laisse pas d'avoir ses bons
côtés. » Il tirait de la vie un si merveilleux

parti, qu'il ne pouvait croire qu'elle lui serait arrachée. Et il possédait cette confiance en soi qui, lui semblait-il, devait
triompher du mauvais sort.

Tous ses amis connaissent son goût de
l'amitié et aussi son goût des Lettres. Il
commençait de bien servir celles-ci, et les
brillantes chroniques qu'à vingt ans il faisait paraître en tête de *Paris-Journal*
avaient charmé par ce quelque chose de
finement parisien, de léger, de coquet, de
piquant, d'imprévu. Son élégante facilité
méritait à ce jeune homme, dans une en-
quête récente, « Un journaliste à l'Académie », de nombreuses voix. Vers la même
époque, il se faisait un jeu de fonder une
revue mondaine et d'y réunir plusieurs
noms d'écrivains très connus. Un an avant
la guerre, sur les conseils de son ami Guy
de Cassagnac (qu'il chérissait jusqu'à le
plagier dans une mort héroïque) il s'enga-
geait et il préparait soigneusement une
rentrée éclatante dans la vie civile, qui était

pour lui la vie littéraire. Il mettait la main
à un roman dont il espérait tant. Il travail-
lait. Que de beaux rêves, ensemble, nous
avons caressés ! La grande gloire littéraire
lui échappe, mais il a conquis la gloire
tout court. Et le souvenir de sa belle jeu-
nesse si parfaitement pleine recouvre les
regrets d'une ardente admiration et d'un
enthousiasme fier.

RENÉ PÉRINGUEY.

Extrait de la Revue Le Nouveau Mercure
(*Avril 1915*).

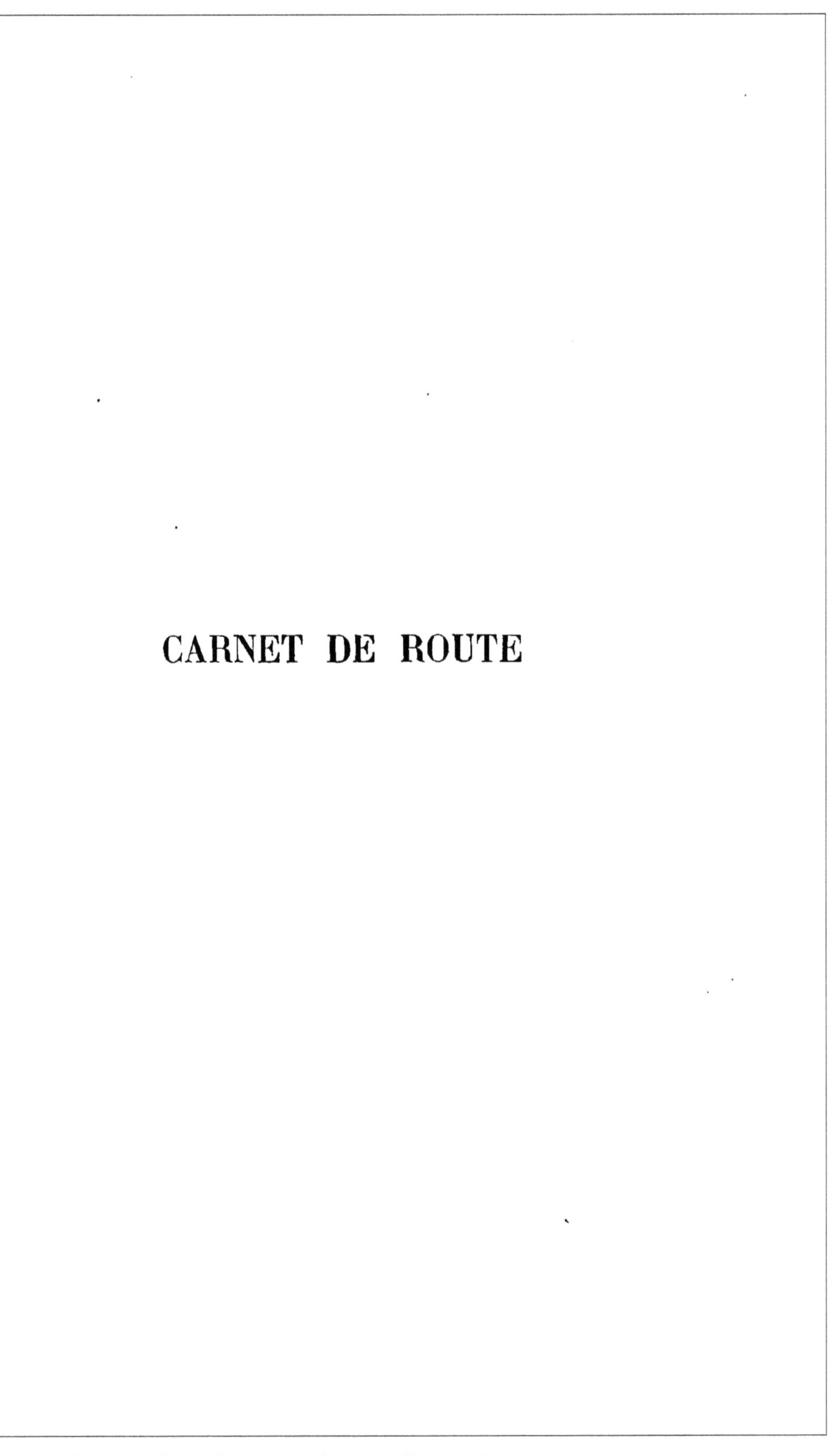

CARNET DE ROUTE

4 août 1914.

A Madame Brunel de Pérard,

Arromanches (Calvados).

Je te le répète, ma chère petite maman jolie, l'heure présente est aussi éloignée de la tragédie que du badinage et c'est pourquoi tu recevras, sans nulle émotion, le petit testament ci-inclus, tu le mettras de côté en attendant.

2

L'assurance où tu es des excellentes dispositions de cœur et de tête avec lesquelles je pars, doit t'être réconfortante, et c'est du plus profond de mon cœur que je t'embrasse.

JACQUES.

Caen, mercredi 5 août 1914.

Je commence ce carnet, j'ai une raison de prendre des notes. La guerre est déclarée.

Demain, nous embarquons pour le dépôt de Versailles.

Ouvrons l'œil...

Vendredi 7 août.

En grande franchise avec moi-même, je
ne sais pas si un jour je ferai un sort à
cette série de notes, prises à la hâte, mais
je prévois le plaisir que j'aurai à les relire
plus tard, si la guerre ne m'est pas fu-
neste, ainsi que je le crois avec une confiance qui touche à l'aveuglement.

Le souci professionnel de composition
et d'ordonnancement littéraire qui subsiste
en moi, malgré moi, me ferait sans doute
un devoir de résumer un peu ce qui s'est
passé dans mon existence depuis mon
entrée à la caserne. Il n'y a eu dans ce
changement, à part mon éducation militaire, qu'une chose qui compte, c'est

l'amitié de Danis, sur laquelle je n'ai pas besoin de m'étendre ici plus longuement.

Contentons-nous d'écrire quelques notes assez brèves, sur ce qui s'est passé depuis dimanche 2 août, premier jour de la mobilisation.

Du quartier de Caen nous sommes descendus camper au champ de courses Sadi-Carnot. Les sous-officiers sont entièrement étrangers. Le capitaine Lebreton a pris le commandement de la 5ᵉ batterie c'est, je crois, un excellent officier.

Ma mère est venue deux fois me voir d'Arromanches. Sa tendresse s'est à nouveau manifestée dans cette circonstance.

Je n'ai pu la prévenir à temps de notre départ. Mme de V..., qui se trouvait à Caen, est venue de sa part me dire un dernier au revoir, au moment précis où la batterie s'embarquait : jolie pensée !

J'ai été content de voir sa gracieuse silhouette de Parisienne au moment de partir.

Et puis j'ai fait des choses graves, je me suis confessé et j'ai fait un testament.

Enfin départ ; depuis hier soir 6 heures, nous avons quitté Caen, je suis garde d'écurie avec un camarade, dans notre wagon où sont huit chevaux de la première pièce. Ce sera un souvenir amusant. Nous avons pris la ligne de Caen à Paris, puis celle du Nord. Nous approchons de Laon.

Le terme de notre voyage nous demeure ignoré. Vautré sur un restant de paille, le dos calé par les selles de la pièce, j'écris ces notes en regardant défiler des paysages du Nord dont les arbres ont les feuilles uniformément dentelées, comme nous le remarquions, Guy[1] et moi, dans notre très récent voyage en Angleterre.

Tous les gens qui voient passer notre train agitent un chapeau ou un mouchoir, poussent des exclamations, des cris, auxquels M... répond par un *oooh* prolongé

1. De Cassagnac.

qui devient un peu monotone à la longue. Mais ça ne fait rien. L'identité même des gestes, qui nous saluent depuis notre départ, montre l'harmonie absolue du pays dont le patriotisme unifié bat notre train comme une vague qui déferle.

Samedi 8 août.

Hier soir à 10 heures, débarquement à Novion-Pôrcien, dans les Ardennes, pataugeage pendant une heure sous la pluie battante, puis marche en colonne jusqu'à Raillicourt où nous cantonnons aujourd'hui.

Elle a duré de 6 à 10 heures sous une bruine persistante, à la nuit tombante, qu'éclaircit à la fin le clair de lune.

Je me suis rappelé un lointain voyage dans ce pays, ou à peu près, avec maman. Les larges masses de feuillage, allégées par le fin dessin de celui-ci, comme dans *l'Escarpolette* de Fragonard, estompent les contours des vallons. Ici presque tous les passants sont calmes ; on sent qu'ils sont blasés de voir des soldats défiler depuis huit jours. Mais les manifestations isolées n'en ont que plus de valeur. Puis c'est l'arrivée, fourbus que nous sommes, à Raillicourt, la formation du parc, l'installation dans les granges et sous les auvents qui nous serviront d'écuries ; c'est une chose à voir cela, que de grandes manœuvres m'auraient difficilement procurée. Notre venue dans ce misérable village à cette heure, a quelque chose de mystérieux qui, malgré ma fatigue, me ravit l'âme, satisfaisant à merveille le fond de barbarie qui demeure en nous, malgré la Civilisation, et qui constitue la revanche de l'instinct sur l'éducation. Dans la grange où nous nous installons, on n'entend guère que les recommandations de notre chef de section D... de L..., et plus loin, dans d'autres granges, où s'installent les autres pièces, parfois un cri isolé, l'appel d'un canonnier, un juron, une flatterie à un cheval. Et le mystère continue.

La distribution du repas du soir, la nuit
passée sur le foin, dans une grange, et le
travail de ce matin, n'offrent rien de bien
particulier. Nous allons, paraît-il, entrer
bientôt en Belgique, pour pousser les
Allemands au c..., suivant l'expression dont
le capitaine Lebreton croit devoir se servir
pour avoir l'air d'un vieux dur-à-cuire.

Il est bien sympathique, le capitaine Lebreton.

Lundi 10 août.

Nous continuons à cantonner à Raillicourt ; ce matin une quelconque manœuvre
afin de ne pas perdre la main. Les alen-
tours sont réellement splendides, mais la
vie devient monotone.

Aujourd'hui, deux camarades de ma
pièce ont voulu s'entre-tuer; on a sorti les
couteaux, mais tout cela a fini très bien.

On nous a annoncé officiellement ce matin que le général Joffre avait pris Mu-
lhouse, et que les Allemands battaient en
retraite incendiant tout, afin d'éviter que
les Français puissent s'approvisionner
sur place. Ce soir longue conversation
avec Danis, assis tous deux à la belle

étoile au bord de la route. Il est trop préoccupé par les soucis de sa pièce pour être lui-même. Notre entretien s'en est ressenti. Nous avons eu de longs silences en contemplant les étoiles filantes.

18 heures. — Voici réellement une heure exquise. Je suis garde d'écurie assez isolé de mes camarades qui mangent leur gamelle, vautrés pieds nus à l'ombre. Il a fait toute la journée une chaleur torride, le soleil séchait en une demi-heure les chemises de flanelle, que les soldats avaient lavées et étendues sur des haies.

C'est l'apaisement du soir. Couché sur le dos, j'ai au-dessus de moi un ciel très bleu où traînent des mèches de laine blanche.

Et je ne peux pas m'imaginer que je vais courir un danger quelconque. Il y a de l'au-delà, de l'avenir, dans ce ciel-là. Il me semble que cette guerre est le dernier degré de mon instruction faite au lycée à

l'Université, dans les livres, dans la vie.
C'est quelque chose comme mon récent
voyage en Angleterre avec Guy, une mine
à souvenirs, à anecdotes.

Je serai fier d'avoir fait la guerre.

Jeudi 13 août.

Avant-hier et hier nous sommes restés
à Raillicourt, et ça devenait un peu monotone ; manœuvres le matin, assez intéres-
santes, dans les environs ravissants qui
s'y prêtent. De 11 heures à 3 heures repos
et sieste dans l'accablement méridien ;
pansage, abreuvoir, confection du dernier
repas.

Les caractères des gens se précisent par
bien des points. En mettant à part ceux
sur lesquels je suis fixé depuis longtemps
déjà comme Danis et Berteil, j'en vois
quelques-uns qui seraient agréables à fré-
quenter et particulièrement D... de L... Il
est bien élevé, confiant, timide et fin.

Ce matin réveil à 3 heures pour le départ. Marche en colonne jusqu'à Warnecourt où nous cantonnons aujourd'hui. Route splendide, les vraies Ardennes : des vallonnements avec courbes élégantes, des boisés et des lointains très vaporeux. En revanche ces montées et ces descentes qui se succèdent sans interruption sont fatigantes au possible.

Warnecourt est un bourg assez important et dont le décor général fait songer à la Normandie.

Il s'est passé une scène symbolique à l'arrivée. Nous avions été assez sevrés d'extras à Raillicourt, où l'on trouvait tout juste à acheter un litre de vin, ou deux sous de bonbons moisis, en faisant queue une demi-heure. Ici il y a un café-débit passablement monté. De 11 heures à une heure ce fut une véritable ruée. Artilleurs et fantassins s'écrasaient ; ils arrivaient dépoitraillés, suants, écarlates. Il n'y a que huit jours que nous sommes partis, nous

sommes encore en France, et il fallait payer
cher ce que l'on prenait ; qu'est-ce que ce
sera dans quelque temps, quand nous serons, car nous y serons, en Allemagne.

Lundi 17 août.

Ça commence à barder. Je n'ai pas eu
le temps matériel d'écrire quoi que ce soit
depuis samedi et, dans cet intervalle, j'ai
atteint ma majorité.

Après une journée de repos vendredi, à
Warnecourt, singularisée seulement par
l'émotion générale causée par la distribution des lettres, on n'en n'avait pas eu
depuis le départ de Caen, nous sommes
partis sur alerte à 4 heures de l'après midi,
samedi.

Aussitôt pluie battante, et à 1.500 mètres de Warnecourt, attente d'une heure et
demie pour que le 74ᵉ d'infanterie nous
dépasse. J'ai le sourire. Belles routes mais

défoncées, détrempées. Nous arrivons à Haudrecy avec la pluie et une nuit noire ; nous formons le parc au milieu de l'énervement du plus grand nombre. Après un pataugeage d'une heure à attendre un quignon de pain et un peu de confiture, arrosé de café et de schnike, nous nous couchons, il est minuit. Réveil en alerte à 3 h. 45. Il faut atteler et partir. Longue, longue journée ; en marche, en colonne au pas, l'infanterie nous précédant. Nous arrivons à Régniowez, à 1.500 mètres de la frontière belge. Ce matin réveil à 2 heures. Arrivée à 16 heures à Rance, en Belgique.

Mardi 18 aoùt.

J'ai dû hier soir résumer et noter simplement les faits, pressé que j'étais par le temps.

Aujourd'hui, après avoir quitté Rance pour Solve-Singery nous sommes un peu moins affolés; il m'est utile de revenir sur certaines impressions de ces derniers jours.

En premier lieu l'accueil extrêmement chaleureux que nous font les Belges. Est-ce parce qu'ils ne sont pas habitués à voir des soldats français, parce qu'ils nous considèrent un peu comme les libérateurs éventuels de leur territoire, ou simplement par affabilité cordiale, toujours est-il que, tant sur la route qu'au cantonnement, il n'est pas de prévenance qu'ils n'aient. Nous ne sommes pas passés, devant une maison, dont les habitants n'eussent préparé devant leur porte des seaux contenant de l'eau, de la bière ou du lait. Dans les agglomérations un peu plus importantes on distribuait du pain beurré, des confitures, du tabac. A l'étape enfin, un fermier fait préparer du café pour tout le monde. Un anonyme fait porter cinq tonneaux de bière. Un gros cultivateur, dans les écuries duquel nous mettons nos chevaux, y étale cinquante bottes de paille. Je me rappelle qu'à Raillicourt, sur le sol français, une femme grognait parce qu'on lui avait pris une vingtaine de poignées de foin. Une autre remarque au sujet de l'enthousiasme des Belges : de les entendre crier : Vive la France ! avec leur accent, a quelque chose de plus prenant.

Mercredi 19 août. — *Tarcienne*.

Ce matin, dans la marche en colonne, on a pris, pour la première fois, les dispositions de combat, une patrouille de cavalerie allemande ayant été signalée aux environs. En vain, d'ailleurs. Mais l'entrain joyeux que cela a déterminé a suffi à dissiper toute mauvaise humeur.

Et la marche a continué de plus en plus enthousiaste par Castrés, Warcourt, Somsée. Distribution de tartes, de bière, de café. Une brave femme donnait des médailles bénites.

Je pense depuis quelques jours à l'influence que cette guerre pourra avoir sur ma carrière si, parenthèse obligatoire,

3.

j'en reviens. J'arrivais à l'existence avec dans mes tiroirs et dans ma pensée des ébauches de romans d'une nonchalance assez artiste, des Dorian Grey revus et corrigés qui se synthétisaient dans ce fameux projet : Le double miroir ; cela aurait eu une clientèle, dans les conditions normales. Mais après cette guerre, quel que soit le succès de nos armes, la mode va être changée. Le « Militaire » sera au goût du jour. Il va falloir rapporter dans ma mémoire de quoi faire mes « Contes du lundi ».

J'écris ces notes aujourd'hui chez un brave homme qui me prépare un frugal dîner. Il a ce fameux accent que je retrouve chez maman, lorsqu'elle est allée passer huit jours à Bruxelles dans sa famille.

Je suis assez content de moi, affaire d'habitude sans doute, pour le manque complet de toute crainte, voire de toute appréhension, ce qui me paraît assez singulier, chez un nerveux de mon espèce.

J'avoue que j'ai hâte d'assister à un premier engagement. Cette position sur le qui-vive sans résultat est agaçante.

.Espérons que ce sera pour demain.

Jeudi 20 août, *Joncret*, **courte étape**.

Un aéroplane allemand nous a survolés
ce matin ; les mitrailleuses des fantassins
ont tiré dessus. Il paraîtrait qu'il est tombé
faute d'essence, un peu plus tard. Il est
2 heures. Il fait lourd... je vais dormir
avec un rude plaisir, sur une botte de foin,
qui a la bonne odeur du thé que l'on sert
au Ritz.

Vendredi 21 août. — *Chatelet*, près de *Charleroi*.

J'écris ces notes, les avant-trains défilés derrière un bois, la batterie de tir étant en position. Il y a eu alerte. Pas très loin de nous le canon tonne, les mitrailleuses éclatent, et ça ne me semble pas encore pour de vrai.

Samedi 22 août.

Eh bien si! il paraît tout de même que c'est pour de vrai, car hier, peu de temps après avoir écrit mes notes nous voyons défiler sur la route des paysans qui décampent. Ce sont les habitants de Tarcienne, village voisin de Charleroi, que les Allemands vont incendier.

Notre groupe n'a pas tiré et, la nuit venue, nous nous replions un peu à l'arrière pour bivouaquer.

Il est 9 heures du soir, la nuit épaisse est percée par les lueurs rouges de l'incendie de Tarcienne et, plus loin, par les mille lumières de Charleroi qui à cette distance semble paisible et qu'on devine haletant.

C'est effroyable l'égoïsme qui peut se créer en nous, dans ces circonstances. Quotidiennement dans les marches en colonne nous rencontrons des fantassins fourbus, flappis, malades, le long de la route; c'est à peine si l'on y fait attention.

Il semblerait qu'il faille concentrer toute sa sensibilité sur des êtres qui vous sont chers, et qu'on n'ait guère le temps de l'éparpiller sur des inconnus.

Cependant hier, ce paysage avait quelque chose d'émouvant auquel je n'ai pu me défendre d'être sensible. Ce matin, nous sommes revenus à notre position d'hier, les avant-trains défilés. Mais il y a un gros renfort d'infanterie avec nous. Notre groupe a, me semble-t-il, commencé de tirer. Deux obus allemands sont venus éclater près de nous. Notre situation est meilleure, paraît-il.

7 h. 3o. — Cette fois, ça y est tout à fait. Je n'avais pas le temps de finir ma

phrase, tout à l'heure, qu'on venait nous chercher pour conduire les pièces, deux kilomètres en avant. La batterie tire maintenant à 200 mètres de nous à notre vue; tout à l'heure des balles, les premières, sont passées au-dessus de nous, pas très haut. Ça barde dans toute l'acception du terme, c'est réellement très chic.

16 h. 30. — A 10 heures j'ai failli reprendre ce cahier pour y inscrire une phrase de ce genre: Qu'est-ce qu'ils ont dû prendre! ce que nous avons pu leur envoyer! Or, à 10 h. 15, les premières compagnies du 74ᵉ d'infanterie se repliaient très éprouvées, et en une demi-heure toute l'infanterie revenait, laissant des morts, et traînant des blessés. On bat en retraite; à un moment donné, un obus éclate à deux mètres au-dessus de nous, c'est de l'affolement.

Et puis, peu à peu, ça se régularise; nous nous concentrons près de Tarcienne, où nous cantonnions il y a trois jours. Le 32ᵉ d'artillerie y est déjà en batterie, dans une position de tir qui me semble excellente. Un aéroplane allemand vient nous survoler, il est probable que cela va encore chauffer dur.

La journée d'aujourd'hui m'aura éclairé sur mon sang-froid, je crois bien pouvoir compter sur moi, et comme j'ai toujours tendance à considérer les événements en fonction de mon institution, c'est déjà un service que m'aura rendu la guerre.

Dimanche **23** août.

16 heures. — Depuis midi nous sommes aux avant-trains, les pièces étant en batterie près de Hauvenelle où s'est concentré le 3e corps d'armée. Nous avons donc regagné un peu de terrain; ma batterie n'a pas encore tiré, les deux autres du groupe ont tiré fort peu, laissant ce soin à l'artillerie lourde qui cause, semble-t-il, de grands dégâts dans les rangs ennemis.

Mon adjudant, M..., est décidément très agréable en campagne. Il a de l'expérience, du sang-froid, et sait remonter ses hommes.

Mardi 25 août.

La caractéristique des deux jours que nous venons de passer a été l'irrégularité des nouvelles générales qui ont été du meilleur au pire.

Le feu sur la batterie avait été excessivement dur, toute l'après-midi de dimanche, et comme réglage et comme intensité; heureusement, les obus allemands semblent être sans effets et il n'y a aucune blessure à signaler à la batterie.

Il est 7 heures, la nuit tombe, nous faisons deux mises en batterie qui ne manquent pas de charme et de mystère, on se croirait à la « Porte Saint-Martin ». Mais après, c'est une marche en colonne, éreintante, au petit pas. Nous nous couchons à 2 heures, nous nous réveillons à 3. Nous allons pour reprendre notre position de la veille, lorsqu'on nous donne l'ordre de battre en retraite.

Désordre, découragement; je m'efforce à remonter quelques-uns de mes camarades très abattus, lorsqu'on nous donne la nouvelle (j'ignore encore si elle est exacte) que la situation générale est excellente, que les troupes anglo-belges viennent de remporter un gros succès près de Charleroi, ainsi que le flanc droit des Français au sud de Dinant. Notre division avait été sacrifiée pour attendre. Nous allons nous reposer et nous reformer en arrière, pendant que des troupes fraîches viendront nous remplacer. Marche en colonne de 7 heures à 16 heures, lorsque, au moment où nous arrivons au point où nous devrions cantonner, notre commandant de groupe débouche d'une route et réquisitionne toutes les pièces qui lui tombent sous la main pour faire une pose en batterie, contre de la cavalerie aperçue à la lisière d'un bois. On ne sait pourquoi nous battons de noûveau en retraite ; nous allons être à cheval jusqu'à 1 heure du matin. Nous serons restés plus de 20 heures à cheval. Cette route, d'ailleurs, ne manque pas de charme par une belle nuit, une de ces nuits qu'à pareille époque je passe à Arromanches, en me créant, grâce au décor, de fines émotions avec des comparses aimables. Nous repassons la frontière française et nous passons la nuit dans un village, près de Moustier. Ce matin, nous repassons la frontière belge et nous cantonnons dans la position d'attente près de Chimay.

Des bruits courent ; à quoi devons-nous cette retraite ? On nous aurait trahis en désignant à l'ennemi toutes nos positions de tir, nous envoyant ainsi à une tuerie certaine si les obus Krupp étaient plus efficaces ; ce bruit a quelque chose de

vraisemblable. Je commence davantage
à me sentir en guerre, les villages où
nous passons étant désertés, nous n'a-
vons pas le temps matériel d'accommoder
aucune nourriture, et c'est ainsi que
nous avons dû laisser sur place deux
vaches et quelques cochons fraîchement
tués.

D'autre part, les ravages que la guerre
exerce me semblent moins étrangers;
la succession de gens que nous rencontrons, abandonnant leurs maisons à l'ap-
proche de l'ennemi, après avoir empa-
queté quelques affaires dans un fichu
ou sur une carriole, devient vraiment
attristante. Je viens d'apprendre que Ker-
mina, mon camarade de classe qui faisait son service au 74°, serait tué. Je l'avais
rencontré sur notre position de tir, samedi matin. Il m'annonçait gaîment
qu'il était sorti indemne de l'échauf-
fourée. C'est dans l'après-midi qu'il aurait été tué.

J'ai rencontré X..., qui fait partie de la catégorie des jeunes gens de lettres qui m'admirent assez, et me débinent éperdument; mon meilleur public, quoi!

Jeudi 27 août.

Les nouvelles générales continuent de nous parvenir dans un sens diamétralement opposé; il est amusant de constater à quel point, toutes les dix minutes, cela modifie l'état d'esprit de mes camarades.

L'ignorance où nous avons été, ces deux jours-ci, de savoir si nous battions en retraite ou si nous prenions une position d'attente, avait besoin d'être combattue par les nouvelles suivantes : trois corps d'armée allemands pris par les Russes, trois autres anéantis par les Français en Lorraine, l'armée du centre allemande coupée par les Anglo-Belges.

Il y a d'ailleurs d'autres facteurs que ces

nouvelles elles-mêmes pour déterminer l'état d'esprit général. C'est ainsi que partis plein d'entrain et de confiance de Mohon, avant-hier à 6 heures, mes camarades arrivaient à Fourmies (en France) après une interminable et monotone marche en colonne de sept heures, en parlant de défaite, de déroute, de débâcle.

Nous repartons à 4 heures du matin, nous commençons d'être réellement fatigués par l'insuffisance de la nourriture et le manque presque complet de sommeil. Une fois de plus l'état d'esprit est au noir, et je mets une certaine pointe d'amour-propre à user de mon influence sur mes camarades pour les ramener à une nuance plus tendre. Ce qui va, d'ailleurs, me valoir les compliments du capitaine Lebreton.

Toute la journée, ça va être de petites marches pour changer de cantonnements. Nous croisons le 11⁵ d'artillerie sur la route et j'y vois plusieurs camarades, dont

Salonne. Cette rencontre m'a fait beaucoup de plaisir, c'est un de mes amis que j'associe le plus volontiers à mon avenir. Je nous imagine aisément dans telle ou telle menue circonstance de notre existence, plus tard. Je le vois venant me prendre à mon cabinet, dînant à quatre, allant dans le monde ! Et je crois qu'il y a eu un peu de tous ces projets dans le regard et dans le : Bonne chance ! que nous échangeâmes.

Au cantonnement (La Capelle), le soir, on nous a dit de nous tenir prêts à partir vers 8 heures trois quarts. Et, au moment où nous allons débarquer, on signale une patrouille allemande aux environs. Nous devons partir dans une nuit profondément noire, les ordres et les engueulades étant chuchotés à voix basse. L'incendie d'un village saigne au fond, dans le noir du ciel. Un coup de mousqueton part isolé. C'est ainsi que j'aime la guerre ; à supposer du uhlan derrière chaque haie. on éprouve

une émotion très cinquième acte. J'ai toujours l'impression que quelqu'un (et pourquoi pas moi ?) arrivera, punira les traîtres,
et délivrera l'héroïne.

Ce matin, après avoir passé la nuit dans
un quelconque village, nous sommes derrière Etréaupont. Presque toutes les batteries du 3e corps d'armée sont en position
de tir dominant la vallée, la plupart mas-
quées par des haies ou des taillis; on at-
tend un grand coup de Trafalgar. Quant à
notre corps d'armée, sa position me paraît
bonne, si nous savons attendre avec la pa-
tience et la silencieuse immobilité du chas-
seur qui guette sa proie, à l'encoignure
d'un fourré.

Vendredi 28 août. — *Vervins.*

Oui, la journée d'hier a été bonne et nous avons mis bas une brigade d'infanterie allemande. Puis nous nous sommes retirés encore un peu en arrière, en faisant un mouvement tournant, car notre tactique générale est de retarder le plus possible les Boches, jusqu'à ce que les différents corps d'armée qui vont former l'Armée du Nord, sous le commandement du général Langle de Cary, se soient rejoints.

Le soir, il y a eu distribution de lettres; nous n'en recevons guère que tous les dix jours, mais alors c'est par paquets. Ç'a été une fin de journée presque parfaite, après notre victoire de l'après-midi. Quelle chose amusante que le caractère français, et comme une fois qu'on le connaît bien, il doit être facile à manier. Tous mes camarades étaient en délire et ne parlaient guère moins que d'entrer à Berlin le soir même.

Je crois réellement, à en juger par les lettres reçues, que je suis très aimé, et, c'est peut-être une des raisons de la confiance quasi absolue que j'ai en moi, à me sentir ainsi étayé.

Ce matin, nous sommes partis de bonne heure, pour faire à nouveau une longue marche en colonne en passant par S... (1); donc en avant cette fois.

Les nouvelles générales sont excellentes, l'Armée du Nord est presque formée; à l'est, le général Pau entrerait très avant en Allemagne. On ne confirme pas les bruits de trahison... Maintenant la batterie

(1) Mot illisible.

est en position de tir, et moi de nouveau aux avant-trains ; mon rôle d'artilleur se réduit pour l'instant à manger des pommes vertes, à écrire ces notes et à dormir vautré dans l'herbe, le képi sur la figure, la rêne de mon cheval passée sous le bras.

Vendredi 28 août, 19 heures. — *Puisieux.*

Nous venons de changer de position de tir; à présent, plusieurs régiments d'artillerie sont en batterie en fer à cheval, au-dessus d'une vallée. De grosses forces d'infanterie et de cavalerie sont avec nous. J'ignore l'étendue et le nombre des forces allemandes; s'il n'était pas si tard, je croirais à une très sérieuse bataille.

Samedi 29. — *Landifay.*

Non, mais aujourd'hui peut-être; depuis
7 heures du matin la batterie tire, et il
est 5 de l'après-midi. Il y a de grosses
forces de part et d'autre. Toute la matinée j'ai rempli les fonctions de servant.
Après midi, aux avant-trains, cela chauf-
fait sérieusement; pendant une heure les
obus éclataient autour de nous, un éclat
est venu déchirer la courroie d'un bidon
fixé à la selle de mon cheval.

Lundi 31 août.

Samedi, en revenant du terrain de tir
pour aller cantonner à Landifay, notre voiture casse son timon et nous devons nous
arrêter momentanément dans un château.
Dans une salle du bas est étendu mort le
lieutenant Reymend, de la 2ᵉ batterie. Le
reste de la maison a été saccagé; dans le
bureau l'encre est renversée, des centaines
de feuilles de papier à lettres sont à terre,
dispersées; on a mis le couvert dans la
salle à manger, on a sans doute mangé et
bu tout ce que l'on a pu et on a cassé,
brisé, déchiré tout le reste; l'électricité est
allumée partout; les robinets sont ouverts
et l'eau coule dans les escaliers, sur des

débris de vaisselle, de vases en morceaux, de bouteilles cassées.

A 3 heures, départ de Landifay, nous marchons en avant. Halte au point du jour à l'entrée d'un village, devant une cabane de cantonnier détruite par un obus, et où gisent les cadavres d'une dizaine de soldats, turcos, fantassins et chasseurs, qui tentaient de s'y réfugier. Ils sont horriblement mutilés. L'un a la tête arrachée, l'autre le bras. La lumière matinale donne une teinte de cire à tout cela qui, jointe à la tranquillité de l'attitude où les a surpris une mort foudroyante, donne à ce tableau quelque chose de « Musée Grévin », section des horreurs.

Un peu plus loin, le feu achève de consumer maisons et meules de paille. Dans cinq minutes j'ai à changer aux avant-trains trois cadavres de turcos qui nous gênent pour les manœuvres.

Il me semble pourtant que je commence à goûter aux horreurs de la guerre. Eh

bien, ce serait manquer de sincérité avec ce
cahier, si je n'avouais pas que ma mauvaise éducation, trop littéraire sans doute,
me fait trouver à cela quelque chose de
déjà vu; aurai-je un manque presque complet de sensibilité ou devrai-je m'en tenir
à cette idée déjà exprimée ici, dans de sem-
blables circonstances, que nous devons la
concentrer sur un petit nombre d'êtres, et
ne pas l'éparpiller sur l'inconnu?

Nous nous mettons en batterie dans des
positions sensiblement voisines de celles
de la veille, lorsque l'ordre arrive de nous
replier du côté de Laon. Notre lieutenant
nous donne cette version, qu'après la
grande victoire d'hier, la 5e division du
3e corps, très éprouvée, va pouvoir aller
se refaire en arrière. Les hommes sont
moins optimistes. Ils parlent de débandade,
de retraite. Heureusement que les bonnes
nouvelles circulent à nouveau; le soir même,
le bruit court que les Russes, à 50 kilomètres de Berlin, viennent de lancer un

ultimatum à l'Allemagne, lui donnant quatre jours pour s'y soumettre.

Examinons la question à mon point de vue particulier, il va de soi (car pour l'autre il est hors de doute). Quoique très fatigué je ferai volontiers encore la guerre pendant quelque temps, je ne brûle guère de reprendre la vie de quartier; mais, par contre, j'envisagerais avec un rude plaisir quelques distractions de luxe, le théâtre, un souper chez Viel, du linge éclatant, des cigarettes à la fumée bleue...

Nous avons passé la nuit à Montigny, et ce matin nous sommes en batterie sur la position d'attente à Baranton-Cel.

Jeudi, 3 septembre, derrière Pont-à-Bucy.

Lundi à 9 heures du soir, étant garde d'écurie, je me disposais à ajouter quelques nouvelles notes indiquant l'état d'esprit où j'étais par ce clair de lune splendide dans une immense plaine légèrement vallonnée, jouant à merveille les champs de bataille.

D'importantes forces françaises étaient là de distance en distance dont on n'apercevait que quelques feux et ne percevait que quelques cris. Nous autres, nous étions en batterie, les avant-trains à quinze mètres derrière leurs pièces, le vrai cantonnement d'alerte, quoi !

Brusquement, l'ordre est arrivé de nous

retirer derrière Laon et, toute la nuit, ç'a
été une marche éreintante à raison de
2 kilomètres à l'heure, avec un arrêt toutes
les cinq minutes.

Je ne résiste au sommeil qu'en bavar-
dant avec F..., mon brigadier, et en réci-
tant des vers de *Ruy Blas*. Nous traversons Laon à l'aube naissante, et nous
arrivons à 3 heures à Bruyères où nous
formons le parc pendant quelques heures.

Le bruit circule que nous allons vers
Paris, exactement à Satory, presque en
troupe de dépôt, et cette nouvelle déter-
mine chez quelques-uns de mes camarades
un état d'esprit bien symbolique de la
fatigue où nous commençons d'être. C'est
une satisfaction presque générale. On
attendra là-bas les nouvelles de victoire,
car on sera vainqueur, n'est-ce pas? Toute
la journée encore marche avec formation
de parc, d'une durée variant d'une heure à
deux.

Nous arrivons au cantonnement, à

23 heures, à Coudelancourt. Je serais vanné et maussade si, par deux de mes camarades qui s'occupent du logement, je ne m'étais procuré de fortes quantités de chocolat que j'avale gloutonnement. Nous apprenons qu'en réalité notre point de direction est la frontière de l'Est, tandis que des troupes plus fraîches vont nous remplacer dans le Nord, où a lieu le gros engagement.

Mercredi matin, en faisant l'abreuvoir, je croise le 11ᵉ, et vois Salonne ; nous échangeâmes deux mots simplement.

Étape assez courte jusqu'à Brouillet. Nous sommes vannés et les chevaux commencent de tomber un par un. Les miens, aujourd'hui, marchent en attelage haut le pied.

Aujourd'hui, nous avons passé la Marne à Châtillon sur un pont miné, prêt à sauter ; nous nous sommes reposés et la batterie tire sur Pont-à-Buison.

Voilà les bruits du jour dont quelques-uns sont certains. Pau aurait eu un gros succès près de Reims, et on aurait intercepté une dépêche allemande demandant 400.000 hommes pour pouvoir tenir (car hier, on annonçait que les troupes allemandes sont dégarnies de l'effectif de 163 trains qui partent se battre contre les Russes).

Je me suis réconcilié avec de C..., auquel, il y a dix jours, je voulais adresser mes témoins pour un geste maladroit de sa part. Ça pète très dur ; deux batteries françaises tirent au-dessus de notre tête, et les obus allemands tombent drus autour de nos avant-trains. Ce n'est pas simplement par pose pour mes camarades que j'écris ces notes avec une belle tranquillité. Non, celle-ci est réelle, et elle procède d'un fatalisme absolu, qui me fait dire que je ne serai tué que si je dois l'être ; et parfois, si un obus siffle un peu trop près de moi, j'ai ce rapide signe de croix du pouce que Napoléon Ier avait.

7 h. 3o. — Je viens de recevoir un éclat
d'obus en pleine tempe ; pas une goutte de
sang, à peine une légère petite bosse. Mais
en quoi sont-ils donc leurs obus Krupp ?

Vendredi 4 septembre.

Nous avons dormi sur notre posit...

Dimanche 6 septembre.

6 h. — A vos chevaux ! garde à vous ! à cheval ! une journée entière de marche et ce n'est qu'aujourd'hui que je puis continuer ces notes.

Nous avons donc dormi jeudi soir sur notre position de tir et nous sommes partis à 2 heures du matin. Dans le courant de la journée, mes chevaux étant momentanément inutilisables pour la batterie de tir, je passe à l'échelon, ce qui offre certains avantages.

La discipline est moins rigoureuse, on peut plus facilement se procurer du vin, du beurre, du chocolat.

11 h. 15. — Notre état-major a été remanié, nos troupes sont sous le commandement général du général Pau. Le 3ᵉ corps est dévolu à Hache qu'on dit terrible liseur de cartes. Mangin, un colonial, prend la 5ᵉ division, et Rouquerol, général de brigade, commande directement le 43ᵉ d'artillerie. Aussi les nouvelles deviennent bonnes ; les Russes avancent toujours et auraient fait 70.000 prisonniers en Galicie, les armées allemandes non encore entrées en France restent stationnaires ou reculent. La position de celles qui y sont semble très compromise et toute la tactique du général Joffre aurait été de les amener dans les plaines de Montmirail et de Champaubert, dans lesquelles nous sommes maintenant, pour y livrer le grand combat.

Les officiers qui ont passé par l'École de guerre, ont étudié avec un minutieux détail les campagnes de Napoléon qui s'y sont déroulées. Aussi hier soir en gagnant notre cantonnement, car maintenant nous marchons à l'arrière-garde, nous avons doublé sur la route, pendant 10 kilomètres, des troupes éprouvées ou fraîches, mais en nombre impressionnant, et ce matin, nous avons pour la première fois pris l'offensive. Les premiers coups de feu sont à peine tirés, et je n'ai pas été le seul à être frappé du bon ordre, de la régularité des marches et des repos. Tout se passe en file et en colonne, aussi bien dans l'infanterie que chez nous.

Il y a quelque chose de nouveau.

Lundi 7 septembre.

Oui, et qui n'a pas tardé de donner des résultats, car hier et ce matin, nous avons assuré une défaite soignée aux Allemands, qui, paraît-il, battent en retraite assez en désordre.

Contentement général !!!

Quelques vieilles femmes rencontrées dans les villages qu'on allait évacuer prétendent que la guerre de 1870 n'a pas été comparable en atrocité à celle-ci. Pourquoi cela m'a-t-il donné un certain orgueil ?

Il y a une heure, pour une imprudence, F... vient d'être blessé au bras, je me rends un compte très exact du décousu de mes notes aujourd'hui, mais je m'y laisse aller.

Mes lettres, au contraire, demeurent assez soignées quelle que soit ma fatigue. Même à distance et dans les circonstances où nous sommes, je soigne mon avenir littéraire.

Mardi 8 septembre.

10 heures. — Nous avons désormais l'état d'esprit de la victoire car la matinée d'hier a été décisive et les Allemands battent précipitamment en retraite, bousculés par nous qui marchons à leur poursuite.

Nous avons successivement formé le parc à Courgivault et à Neuvi où nous avons couché. L'état dans lequel les Boches ont pu mettre ces deux villages est effroyable, mais s'expliquerait assez : les prisonniers que nous avons faits en très grand nombre disent qu'ils n'ont pas été ravitaillés depuis cinq jours.

Ils vont l'être de moins en moins, tant en vivres qu'en munitions, car ils semblent

coupés de toutes parts, et la tactique du
genéral Joffre nous paraît se préciser
ainsi : nous les avons enfermés à un point
voulu dans un triangle dont nous formons
la base, l'armée de Pau à l'Est, et les An-
glais au Nord, nous allons les resserrer et
les réduire à merci.

Toute notre retraite donc aurait pour but
de ménager notre sang. Et tous ces villages incendiés et ravagés pourront être re-
bâtis grâce à l'indemnité de guerre. Voici
un aperçu des conversations des terreux
normands de ma batterie sur les incidents
de la guerre. J'aime entendre ce patois qui
me rappelle toutes les bonnes vacances
dans notre maison d'Arromanches : « Nos
est pis que l' bétail, les quiens s' battent
itou, mais y ne s'tuent point. M'est avis
qu' c'est pas leur faute à (1) trétous, mais a
leu chefs... »

« Ah ben, c'est d' les faire péri d' faim

(1) Allemands.

l'plus rapidement que j'pourrons et pis, que nos s'en retourne. »

12 heures. — Nous continuons à marcher de l'avant dans une campagne dévastée, où la route est jalonnée par les chevaux, les nôtres, abandonnés purement et simplement, ceux des Boches tués pour qu'ils infectent.

De fait cela commence à sentir rudement la charogne. Nous ramassons les vestiges de la bataille. Pour ma part je me suis assuré un casque à pointe (sans pointe d'ailleurs) et un porte-papier d'officier qui me sert à abriter ce cahier. Je viens de rencontrer Danis, en voilà un que je retrouverai plus tard avec plaisir.

Maintenant la batterie tire à nouveau à quelque distance. Moi je vais vérifier encore qu'il est de pesants sommeils que les coups de canon ne troublent pas.

Mercredi 9 septembre.

Hier, toute l'après-midi s'est passée à changer notre position d'échelon, sans que nous sachions au juste ce qui se passait.

Au soir nous nous arrêtons dans une clairière près de Rieux, à 3 kilomètres de Montmirail pour dormir. Dormir est une façon de parler, car s'il y a des nuits où nous avons pu nous dire à la belle étoile, ce n'est pas celle-là ; il pleut à verse de 10 h. du soir à 4 heures du matin.

Nuit atroce ; et puis, vers 2 heures du matin la mitrailleuse se met à péter, alternant avec notre canon. Peu après, c'est le tu... tu... tu... de la musette allemande. Ils font une contre-attaque, ce qui paraît être leur tactique favorite ; ce ne sera pas un succès d'ailleurs, car au réveil, après un lever maussade, on nous affirme que Montmirail, occupé par l'état-major allemand depuis quatre jours et par les troupes depuis la veille, vient d'être repris par le premier corps d'armée. Hier j'avais surpris une conversation entre les généraux Hache, Mangin et Rouquerol, indiquant leurs intentions, mais je ne pensais pas que ce serait aussi rapide.

A nouveau donc nous marchons de l'avant et nous faisons une entrée triomphale dans Montmirail, dont toute la partie basse est ruinée, démolie et pillée, tandis que dans la seconde, moins éprouvée, les habitants nous tendent des bouteilles de vieux vin, des fruits, etc. D'après eux, les Allemands sont entièrement démoralisés. Espérons que cette mentalité sera de longue durée.

Jeudi 10 septembre.

La journée a encore été bonne hier pour nous, et pour le 43ᵉ en particulier. Le capitaine Molliard qui, la veille, avait reçu les félicitations du général Mangin, pour avoir descendu un ballon observateur d'un coup de canon pointé par lui-même (d... 6.. 900), a été proposé pour la Légion d'honneur pour avoir démoli une batterie allemande. Nous sommes partis d'assez bonne heure afin de poursuivre notre marche en avant et avons traversé la Marne entre Sauvigny et Passy, où nous parquons en ce moment.

Le commandant Roger, du 11ᵉ, fait fonction de colonel au 43ᵉ; il a jugé non sans raison que nous avons un, peu l'air d'un cirque en tournée. Le fait est que nous n'attachons plus aucune valeur à quoi que ce soit. Nous laissons sur place sacs, manteaux, chevaux fatigués et nous ramassons les sacs, manteaux et chevaux abandonnés par les Boches.

De certains de ces trophées nous ornons nos galeries ou nos sacoches, ce qui, vraiment, nous donne l'apparence de la cavalcade Pinder. Nous avions même trouvé un chameau que nous avons heureusement abandonné.

Ce matin, lettres. J'en ai dix-sept, plus ce soir deux recommandées, l'une de maman, l'autre du notaire. Maintenant que je suis majeur je touche pour la première fois directement l'argent de ma pension. Avec ce qui me reste de celui emporté au départ, cela me fait une jolie somme d'avance; depuis une semaine j'ai eu du mal à dépenser vingt sous.

Nous venons de recevoir l'ordre de bivouaquer cette nuit à Passy. Nous sommes à 100 mètres de la Marne, l'autre colline se dresse en face de nous, il est 6 heures du soir.

Un crépuscule mauve s'appesantit sur la ligne sombre des sapins ; vu du haut de la crête le fond de la vallée est presque noir. Près de moi, les feux des cuisines établis dans le sol, illuminent de lueurs rouges le visage des hommes qui préparent la soupe et les fayots.

Encore une chose vue...

Samedi 12 septembre.

Je romps pour une fois avec l'ordre chronologique que j'ai coutume de suivre pour relater le très triste événement qui vient de se produire : la mort du lieutenant Marinier ; du même obus, Coudray a été tué aussi, D... des Loges et Merle blessés.

Le lieutenant Marinier avait fait les classes de mon peloton. Ancien sous-off il avait été aux colonies et instructeur de cheval à Pipo ; son père était lieutenant-colonel. Il avait de l'esprit ; plein de bonne humeur c'était un brave homme dans toute l'acception du terme. Je prie très sincèrement que Dieu ait son âme.

La journée d'hier a été assez quelconque

sous la pluie. Nous avons marché de
l'avant jusqu'à un village voisin de Logery
où nous avons couché. Aujourd'hui de
même. Nous sommes en batterie au-dessus
de Gueux. J'ai vécu tout à l'heure quelques minutes assez remplies en allant conduire un caisson au ravitaillement. Le tir
des Allemands était réglé derrière notre
batterie sur l'espace compris entre celle-ci
et l'échelon. Durant le trajet il est bien
tombé vingt obus dans cet espace, et nos
chevaux harassés de fatigue, refusaient
d'avancer à une allure plus rapide que le
trot des ânes de Robinson. Là aussi ça va-
lait la peine d'être vécu.

Mais cela c'est l'accidentel. En temps
normal, si tant est qu'il y en ait, manger
devient une occupation. On invente des
ruses de sauvages pour aller explorer un
village, sitôt arrivé au cantonnement, et
l'on fait des platitudes près des indigènes
pour qu'ils vous cèdent un pot de confiture,
ou vous fassent cuire un lapin.

Dimanche 13 septembre.

Ce sentiment de désarroi que le spectacle de la mort m'avait à peine procuré, je l'ai ressenti hier soir vivement par la faute des éléments. La pluie qui persistait depuis 48 heures tombait encore quand vers 10 heures on procède au ravitaillement de l'échelon. Sitôt fait, nous allons conduire notre caisson à la batterie qui est presque au sommet d'une colline, les chemins de labour sont entièrement détrempés. Nous restons en panne, et l'un des chevaux conducteurs de mon ancien attelage tombe pour ne plus se relever. Il faut le désharnacher et le dételer; c'est un pataugeage d'une demi-heure dans une nuit d'encre sous la pluie battante. Après quoi, vers minuit, nous couchons à Gueux, en pleine rue, sous l'averse qui persiste. Cela fait nombre de nuits que nous passons ainsi à la belle étoile, si on peut dire, trempés jusqu'aux os. Pour être glorieux, les rhumatismes que cela nous prépare n'en sont pas moins assurés.

Le réveil a été meilleur. Nous marchons assez lentement, laissant la route de Reims à notre gauche, en formant plusieurs fois le parc jusqu'à Merfy, où à présent les batteries sont en position.

La tenue des Allemands est rapportée dans les villages que nous traversons. On prétend qu'à Montmirail une jeune fille fut violée par des soldats qui tuèrent ensuite ses parents. On aurait tué des enfants. On s'est livré au pillage.

Saint-Thierry.

Nous venons d'avancer de 1.500 mètres pour former le parc plus en dehors du village. Nous sommes au haut d'une côte, d'où par une large échappée nous avons vue sur toute la plaine de Reims avec la ville au fond à 6 ou 7 kilomètres à vol d'oiseau. Ce serait un point excellent pour en tirer une vue générale, la cathédrale se détache bien isolée et nette, rappelant les gravures de Gustave Doré.

Lundi 14 septembre.

Pas grand'chose de neuf. Toute l'après-
midi d'hier notre groupe et le 1er d'artillerie lourde ont bombardé avec succès,
semble-t-il, un fort français abandonné,
aux environs de Reims, que les Boches
auraient occupé. Nous sommes redescendus
de Saint-Thierry à Merfy pour passer la
nuit et remonter ce matin; les batteries
tirent à nouveau.

J'ai déjà indiqué ici le désir que j'avais
de quelques plaisirs de luxe; de quinze
jours à Paris par exemple. Mais à y bien
réfléchir, je vois que c'est plutôt l'atmos-
phère du plaisir que le plaisir lui-même
que je souhaite, et il est amusant de

constater que les femmes n'y jouent guère
qu'un rôle de figuration. Me conformerais-
je déjà à la tradition qui veut que le guer-
rier soit chaste en ses actes comme en ses
pensées ?

Mardi 15 septembre.

Rien de neuf quant à notre marche. La
batterie qui aurait délogé hier, d'un château, l'état-major allemand, reste en position.

On m'annonce que je suis proposé pour
être brigadier, et que ma nomination est à
la signature du chef d'escadron. Je cé-
lèbre cette nouvelle qui me fait grand
plaisir, en me confectionnant des toasts
exquis qui empoisonnent la fumée.

Vendredi 18 septembre.

Avant-hier et hier, la batterie est restée en position ainsi que tout le groupe et différents régiments d'artillerie lourde. Ce siège de quelques jours a reçu évidemment bien des explications naturellement con-tradictoires. Je n'en retiens qu'une, celle de ce bon de C... que je viens de rencon-trer et qui est attaché comme chauffeur à la personne du général Hache. Nous avons mission de tenir une semaine entière à Saint-Thierry pour permettre à différents corps d'armée de nous rejoindre et de livrer avec nous une bataille peut-être décisive.

Nous n'arrivons pas à savoir exactement si le fort de Brimont est évacué ou non.

Il est curieux de constater combien le courage des gens est souvent proportionné à leur civilisation.

Tous ces jours-ci, comme l'échelon restait stationnaire et que l'imminence de mon grade me dispense de toute corvée, j'ai pu écrire pas mal de lettres et mettre mon carnet à jour.

Le goût de la séduction que j'ai en moi est assez curieux, car il s'exerce même sur des êtres qui ne sont que d'un agrément assez banal et d'un intérêt quasi nul.

Je me rappelle cette phrase de Georges de H. à Guy : « Plaire est un besoin maladif chez toi ». Serait-ce encore un point de commun à nous deux ? Je suis toujours sans nouvelles de Guy et suis réellement bien inquiet ; je sais bien qu'étant donné sa personnalité de journaliste, sa correspondance peut être surveillée et retardée, mais cela ne dissipe pas toutes mes inquiétudes.

Mais je ne puis le croire, car il est de ceux que les catastrophes n'atteignent pas.

6.

Dimanche 20 septembre.

En attendant mon entrée en fonctions, je continue à trouver à l'échelon ma petite Capoue, à telle enseigne même que deux ou trois repas copieux, auxquels je n'étais plus habitué depuis longtemps, m'ont valu hier une fameuse indigestion.

Mme Jélu, ancienne cantinière, près de la maison de laquelle nous cantonnons, m'a maternellement soigné et m'a fait un semblant de lit près du feu. Ce sont surtout les bonnes nouvelles contredites puis confirmées qui m'ont ragaillardi. La vie de l'échelon, d'ailleurs, commence de me sembler assez monotone et, dans la journée d'hier, en contemplant l'incendie de la cathédrale de Reims causé par les obus allemands, j'ai souhaité vivement d'être à la batterie de tir, pour n'avoir plus cette sensation de recevoir des coups de canon sans pouvoir répondre, très pénible pour un artilleur, à ce qu'assure le lieutenant Baillon.

Lundi 21 septembre.

Cela dure depuis dix jours et va peut-
être durer encore : cela s'appellera sans
doute la bataille de Reims. Il y a deux mil-
lions d'hommes d'engagés de part et
d'autre ; c'est ce qu'on a vu de plus formi-
dable dans l'histoire, et je me vois forcé
encore de consigner ici cette seule note :
Rien de neuf.

Oui, car je préfère ne pas enregistrer
tous les bruits contraires et quelquefois
absurdes qui circulent. Tout ce qui s'en
dégage est que la situation générale serait
très bonne pour nous, et Mangin aurait dit
ceci : « Chaque quart d'heure de plus que
nous tenons ici équivaut à une victoire. »

Mardi 22 septembre.

Ça y est; ma nomination est officielle. Je
suis brigadier de tir. Mon retour à la batterie et mon entrée en fonctions viennent
d'être salués par une furieuse canonnade
allemande, que nous avons essuyée durant
une demi-heure. Elle a été terrible et nos
chevaux qui étaient moins bien abrités que
nous autres, ont durement écopé. C'est
la première fois que je me suis dit que je
pourrais bien y rester... Mais je n'y suis
pas resté.

Mercredi 23 septembre.

La nuit j'ai assuré la liaison entre l'état-major et le capitaine Lebreton. Cela m'a beaucoup intéressé, car le fait de porter des ordres et des renseignements me donne l'illusion de participer de plus près à la cuisine de la guerre.

Et j'avais auparavant, avec des sous-officiers très agréables, agents de liaison d'autres groupes, participé à une cuisine réelle, celle de notre dîner, ce qui est également une occupation qui a son importance.

Vendredi 25 septembre.

Saint-Thierry ! Saint-Thierry ! Saint-Thierry !... Cela va faire quinze jours que nous y sommes et huit que la batterie est masquée dans le château, cachée par des arbres et des vignes, dominant toute la plaine du canal de la Marne au Rhin. Dans le bulletin de renseignements que j'ai transmis ce matin à mon capitaine, on m'indique que la situation générale demeure excellente, comme de juste, mais aussi que notre infanterie aurait repoussé sur tout le front les forces allemandes dépassant la première ligne formée par la route nationale.

L'artillerie lourde du 155 allemand qui

était devant nous se serait portée à notre gauche pour faire face à l'armée anglaise qui va entrer en ligne. Dernier renseignement enfin : les tranchées et les moyens d'abri qu'ils ont établis sont de première valeur mais ils seraient au plus mal ravitaillés en vivres, et d'après une lettre interceptée, ils n'auraient pas eu de repas chaud depuis cinq jours.

Je suis définitivement promu et désormais mes manches s'adornent de deux galons en laine rouge, « en forme de V renversé ». L'assortiment sommaire de la cantine du tailleur m'interdit toute fantaisie superfétatoire et j'ai bien l'air d'avoir pleuré pour les avoir.

A qui, à quoi les dois-je ?

J'ai certainement la sympathie du capitaine Lebreton. L'adjudant Moreau, depuis peu le sous-lieutenant Moreau, m'aurait également été favorable et je lui aurai plu (parce que n'ayant pas la trouille).

Quelles sont les mystérieuses raisons .

qui ont déterminé Moulié à pousser à la roue, comme indiscutablement il l'a fait ?

Si la guerre se terminait d'ici un mois ou deux, il est très vraisemblable que je serais libéré en janvier prochain. A certains points de vue, étroitement personnels, il va de soi, je regretterai ces deux mois que je viens de vivre qui, à côté de privations très dures, ont comporté des émotions d'une variété et d'une richesse merveilleuses. Quoique sans aucune frayeur de la mort, il serait dommage que je n'en revienne pas. Jusqu'à présent j'ai su faire la guerre.

Extrait d'une lettre du lieutenant Janvier a Mme Brunel de Pérard.

Octobre 1914.

Votre fils, Madame, a été sous mes ordres pendant les mois d'août et de septembre, c'est-à-dire jusqu'à sa nomination
de brigadier et même quelques jours après.
Il serait superflu de vous dire que j'avais
éprouvé envers votre cher enfant, durant
ces quelques semaines d'étroite collabora-
tion, les mêmes sentiments d'amitié et de
considération que tous, chefs ou camarades, lui prodiguions sans réserve, et
l'annonce de sa mort si brutale nous a
tous profondément affectés.

Le samedi 26 septembre, vers 4 heures
de l'après-midi, votre bien-aimé fils a été
frappé à la tête par un éclat d'obus, au
village de Saint-Thierry, les soins immé-
diats et les plus dévoués lui ont été prodi-
gués ; la canonnade faisait rage, il a fallu
le descendre dans les caves ; sitôt prévenu,
j'envoyai une voiture pour le conduire à
l'ambulance de Chenay, je le vis ainsi
passer dans une voiture, étendu sur un
brancard, la tête enveloppée de bandes, il
râlait. Il est mort le dimanche à 4 heures
du matin sans avoir repris connaissance et
ainsi sans souffrances.

EXTRAIT D'UNE LETTRE DU CAPITAINE LEBRETON, DU 43ᵉ D'ARTILLERIE, A Mme BRUNEL DE PÉRARD.

J'ai chargé un de mes officiers de vous envoyer tous les détails concernant votre fils.

En dehors de l'affection qu'un capitaine partage un peu, entre tous ses hommes, j'avais pour votre fils une sympathie qu'il méritait; il a supporté, comme les mieux endurcis, les lourdes fatigues qui ont été imposées à ces enfants.

Conducteur de devant au 1ᵉʳ caisson pendant toute la première partie de la campagne et pendant l'horrible retraite, je l'ai eu près de moi.

Je l'ai nommé brigadier après nos victoires, je sentais qu'il eût fait un bon gradé.

Il est tombé près de moi en revenant de transmettre un ordre. Si quelque chose, Madame, peut atténuer votre douleur, que ce soit ceci :

Votre fils est mort bravement à son poste et sans baisser la tête.

Novembre 1914.

TABLE

3995. — Tours, imprimerie E. Arrault et Cⁱᵉ.

L'HÉROÏQUE BELGIQUE

ALBUM COMMÉMORATIF

PUBLIÉ SOUS LA DIRECTION DE

CHARLES SAROLEA

Professeur à l'Université d'Édimbourg, Consul de Belgique, Directeur d'*Everyman*.

Un album in-4 raisin (25 × 32), de 80 pages, imprimé sur beau vélin, contenant en hors texte un dessin à la plume de ROUBILLE, une sanguine d'ALLARD-LOLLIVIER et une aquarelle de CHARLES JOUAS (*Incendie de Louvain*), des dessins dans le texte par HENRI BOUTET, JOU, OSBERT, STEINLEN et P.-E. VIBERT, et de nombreuses photographies documentaires. *Prix : 2 fr. 50*

TEXTE

LÉON BAILBY. — MAURICE BARRÈS, de l'Académie française. — RENÉ BAZIN, de l'Académie française. — ROBERT DE CAIX. — ALFRED CAPUS, de l'Académie française. — G.-K. CHESTERTON — FANNY CLAR. GEORGES CLÉMENCEAU. — RENÉ DOUMIC, de l'Académie française. — EDOUARD DRUMONT. — ALFRED DUQUET. — D'ESTOURNELLES DE CONSTANT, Sénateur. — EMILE FAGUET, de l'Académie française. — ROBERT DE FLERS. — GUSTAVE GEFFROY, Président de l'Académie des Goncourt. — JEAN DE GOURMONT. — REMY DE GOURMONT. — CHARLES GROLLEAU. — GROSCLAUDE — YVES GUYOT. — GABRIEL HANOTAUX, de l'Académie française. — GUSTAVE HERVÉ. — GEORGES LECOMTE, Président de la Société des Gens de Lettres. — SÉBASTIEN-CHARLES LECONTE. — MAURICE MAETERLINCK. — ROLAND DE MARÈS. — HENRI MAZEL. — PIERRE MILLE. — RENÉ MILLET, Ambassadeur de France. — ALBERT MOCKEL — CHARLES MORICE. — Comte ALBERT DE MUN, de l'Académie française. — RAOUL NARSY. — CAMILLE PELLETAN, Sénateur. — S. PICHON, ancien Ministre des Affaires étrangères. — HENRI DE RÉGNIER, de l'Académie française. — JEAN RICHEPIN, de l'Académie française. — J.-H. ROSNY aîné, de l'Académie des Goncourt. — PAUL DE ROUSIERS. — SAINT-ALBAN. — AD. VAN BEVER. — EMILE VERHAEREN. — MAURICE WILMOTTE.

ILLUSTRATIONS

ALLARD-LOLLIVIER. — HENRI BOUTET. — EDME COUTY. — IBELS. — JOU. — CHARLES JOUAS. — OSBERT. — STEINLEN. — P.-E. VIBERT.

Cette publication représente un véritable monument érigé par l'élite des écrivains et des artistes français à la gloire du peuple héroïque dont le courage aura fait et fait encore l'admiration de l'univers.

La Grande Guerre par les Artistes

L'album " **LA GRANDE GUERRE PAR LES ARTISTES** " a été fondé dans le but de permettre aux Maîtres du crayon et du pinceau de dresser à nos héros un monument durable de leur vaillance. Il atteste leur héroïsme journalier, en même temps qu'il cloue au pilori le Crime allemand. De la sorte, il constituera un document précieux dans lequel l'Art témoignera en faveur de la justice, de la beauté et de la bonté de notre cause.

L'élite des Artistes français nous a fait le grand honneur de nous apporter son concours. Nous espérons que les Maîtres du dessin des nations alliées et neutres se joindront à elle pour être témoins à leur tour. Toute adhésion nous sera précieuse afin de rendre l'édifice plus digne de ceux pour lesquels il aura été construit.

Les acheteurs trouveront dans cette publication des dessins allégoriques ou satiriques, des scènes de mœurs, des tableaux de combat, des portraits stylisés par nos meilleurs artistes. Aucune manière de rendre les mille aspects de cette lutte épique ne sera négligée. Seule la politique sera exclue de cette œuvre qui ne veut retenir que ce qui unit.

Si l'accueil du public le permet, nous donnerons en outre, au cours de cet album, des eaux-fortes et des planches en couleurs.

PRINCIPAUX COLLABORATEURS :

Barrère.	Ch. Huart.	Naudin.
Boutet.	H.-S. Ibels.	Paul Cam.
Ciolkowski.	Job.	Poulbot.
Delaw.	Jou.	Rabier.
Depaquit.	Jouas.	Roubille.
Abel Faivre.	Laforge.	Schaller.
Faverot	Léandre.	Steinlen.
Galanis.	Leprince.	Tap.
Gallois	Masereel.	Vallotton.
de Groux.	Louis Morin.	P.-E. Vibert.
Hermann Paul.	Nam.	Willette, etc.

CONDITIONS DE PUBLICATION

L'album " **LA GRANDE GUERRE PAR LES ARTISTES** " paraît le 1ᵉʳ et le 15 de chaque mois (à partir de novembre 1914), par fascicule de 16 pages (format 32 × 25), sur beau papier vergé. Chaque fascicule de 16 pages contient 8 dessins hors texte. Le prix de chaque fascicule est de 0 fr. 80.

On peut s'abonner sans frais pour 10 fascicules : 8 francs, France et Belgique ; 9 francs, Union postale.

En outre, il est fait un tirage de 100 exemplaires sur Japon, au prix de 4 francs le fascicule. On peut également s'abonner sans frais pour 10 fascicules (40 francs, France et Belgique ; 42 francs, Union postale).

reliés avec soin, et complétés par des index et des séries de tables destinés à faciliter les recherches.

Chacun des volumes est signé par un écrivain autorisé; la liste qu'on trouvera plus loin nous dispense d'insister à ce sujet.

Tous les collaborateurs de cette encyclopédie artistique, animés d'un même zèle, ont bien voulu se pénétrer du même esprit de méthode et de clarté, dépourvu de tout étalage d'érudition, et ils ont tous poursuivi un but unique : instruire en intéressant.

Au point de vue de la fabrication matérielle, nous nous trouvions en face d'une grande difficulté, causée par la nécessité absolue d'appuyer le texte d'un nombre considérable d'illustrations et cependant de maintenir les volumes à la portée de toutes les bourses. Et cette difficulté se compliquait par la nature même des illustrations, qui, étant des modèles, ne devaient pas souffrir de médiocrité. Nous n'avons reculé, à cet égard, devant aucun sacrifice.

Notre initiative, d'ailleurs, a reçu de précieux encouragements : dès le début, ce fut le Gouvernement qui voulut bien nous autoriser à placer notre collection sous le patronage de l'Administration des Beaux-Arts ; plus tard, c'était le Ministère de l'Instruction publique qui nous accordait d'importantes souscriptions ; puis la Ville de Paris qui inscrivait nos volumes sur ses listes de livres de prix, qui les répandait dans ses bibliothèques et dans ses écoles ; les Proviseurs, les Principaux, les Directeurs et les Directrices d'établissements publics et privés, qui nous les demandaient également, pour les placer dans les bibliothèques scolaires et les donner en prix aux élèves des cours de littérature, d'histoire et de dessin ; c'était enfin l'Académie des Beaux-Arts qui, à son tour, nous honorait du prix Bordin. Des récompenses aussi exceptionnelles et venues de si haut sont significatives ; elles suffiraient à témoigner de la portée de notre œuvre.